Filosofia para crianças

De criança para crianças

Era uma vez!

Papai do ceu nos protege de todo o mal

História para colorir!

Por: Bernardo Octaviano Pereira

Este livro pertence a:

____

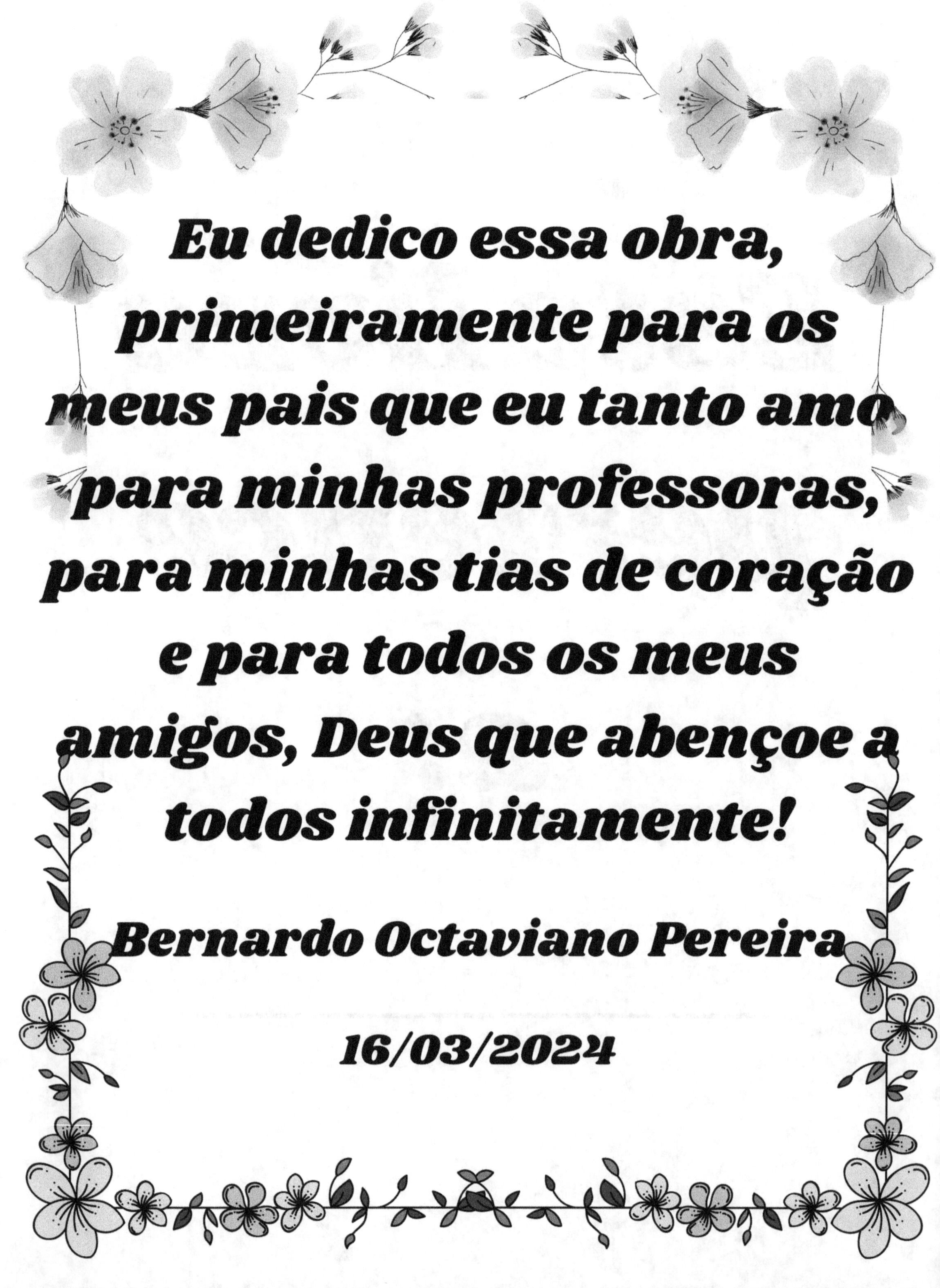

Eu dedico essa obra, primeiramente para os meus pais que eu tanto amo para minhas professoras, para minhas tias de coração e para todos os meus amigos, Deus que abençoe a todos infinitamente!

Bernardo Octaviano Pereira

16/03/2024

Era uma vez, em um lugar, perto daqui, em uma cidadezinha do interior, onde tinha uma igrejinha, que já fora cenário de fervor e devoção, sempre teve muito cheia;

Só que nos últimos tempos foi esvaziando, aos poucos e já quase não ia mais ninguém, em uma certa noite festiva, garoando e muito frui, perto do culto começar não tinha entrado ninguém na igrejinha;

E o pregador , fiel a sua missão aguardava, na solidão do altar, os fiéis para o culto; de repente, um visitante inesperado, entrou na igrejinha, um homem bonito, bem vestido e falando muito bem;

E falou para o pregador que as pessoas não queriam ir mais para as igrejinhas, que eles preferiam ir para outros lugares como bares, shoppings, festas, ainda mais em uma noite fria e garoando, que não iria entrar ninguém;

E o pregador perguntou quem era ele, e ele respondeu que era o bicho ruim; e fez uma aposta com o pregador, que se não entra ninguém naquela noite na igrejinha, ele iria acabar com todos e com tudo nessa cidadezinha;

E o pregador confiante na proteção divina, aceitou o desafio, sabia que o papai do céu não deixaria o bicho ruim ganhar a aposta, e destruir tudo e todos;

E o tempo foi passando e não entrava ninguém, e o bicho ruim, rindo maliciosamente da situação, anunciou seu plano de destruição, falava que iria começar pela igrejinha com o pregador dentro;

Depois destruiria o resto da cidadezinha com todos dentro dela, e quase no final do culto entrou um garotinho desamparado e encharcado pela chuva, e estava com muito frio, e entrou para se proteger do frio e da chuva;

Num piscar de olho, o bicho ruim se desfez em fumaça e desapareceu. O papai do céu, enviando o garotinho na hora certa.

Havia frustrado os planos do bicho ruim. A fé e a esperança, representada por aquele inocente menino, provaram ser mais forte que qualquer mal.

Assim, a pequena cidadezinha aprendeu uma valiosa lição. Papai do céu nos protege, muitas vezes enviando ajuda nos momentos mais inesperados. Basta confiarmos e pedirmos com sinceridade.

Fim!